AF236683

# Aktien und ETFs für Einsteiger

*Wie Sie Ihr Geld intelligent in Aktien und ETF investieren und so Schritt für Schritt finanzielle Freiheit erreichen*

Johannes Maas

# INHALT

Das erwartet Sie................................................... 1

Warum sollte ich, nein, warum MUSS ich sinnvolles
Investment betreiben?........................................... 3

Die Schere zwischen Arm und Reich ................... 8

Was hat heute schon noch Wert?........................ 11

Von der Theorie in die Praxis............................. 15

Welche Anbieter gibt es? .................................... 22

Was sind mögliche Fehler bei ETFs? ................. 25

Ich nutze meine ETFs zum aktiven Handel. ....... 26

Das ETF-Hopping................................................. 26

Investieren Sie nicht in Dinge, die Sie nicht
verstehen............................................................ 27

Diversifikationsillusion........................................ 28

Die Beachtung der Fondswährung ..................... 29

Die Versteifung auf Kosten ................................. 29

Welche Fondsarten existieren noch? ................. 35

Aktienfonds......................................................... 35

Rentenfonds ....................................................... 36

Immobilienfonds.................................................. 37

Spezialitätenfonds .............................................. 38

Mischfonds ......................................................... 38

Gibt es Wege, mir den gesamten Aufwand
abnehmen zu lassen? ...............................................39

Fondsgebundene Rentenversicherung............. 44

Warum dann die fondsgebundene Versicherung?
.................................................................... 45

Wie geht das mit Aktien? .......................................46

Profitabilitätskennzahlen.................................. 48

Bilanzkennzahlen ............................................... 49

Bewertungskennzahlen ..................................... 51

Mein Weg in die Welt der Investoren.................55

# Das erwartet Sie

Kennen Sie das? Sie fragen sich, ob es wirklich sinnvoll ist, permanent Zeit gegen Geld zu tauschen. Das Sparprodukt Ihrer Bank bringt Ihnen nicht das Gefühl, wirklich abzuräumen, und die Alternativen sind so zahlreich, dass Sie gar nicht wissen, wo Sie anfangen sollen.

Dabei schwebt Ihnen die ganze Zeit dieses magische Stichwort im Kopf herum: Freiheit! Es gibt unzählige Schlagworte, die uns bei dem Gedanken an die „finanzielle Unabhängigkeit" einfallen. Ein Vielfaches an Floskeln, Sprüchen oder Zitaten kann sich jeder von uns auf allen Kanälen, die uns beeinflussen, mit einem Klick abholen. Und all diese

Weisheiten klingen einfach, logisch und sinnvoll. Doch eines wird der Theorie immer voraus sein: die Praxis!

So leicht ist es jedoch leider nicht. In den Wirrungen der Provisionen, laufenden Kosten, Risiken und Garantien ist die Informationsflut, der wir uns entgegenstellen müssen, offensichtlich. Damit Sie sich nicht mehr auf die pauschalisierten Pamphlete des Internets verlassen müssen, die beinahe wie ein Gebot der Bibel mit dem Konterfei irgendeines Börsenmagnaten anmuten, wird Ihnen dieser Ratgeber eine Anleitung sein, um die ersten Schritte im Bereich der Aktien und ETFs zu machen.

Er wird Ihnen das grundlegende Fachwissen an die Hand geben, Ihnen Wege aufzeigen und bei der tatsächlichen Umsetzung behilflich sein. Ich möchte Sie jetzt schon einmal beglückwünschen, denn in den kommenden Zeilen werden sowohl Ihr Umgang mit Geld als auch Ihr Blick darauf eine drastische Veränderung erleben. Hier und heute beginnt es: Ihr Geld wird für Sie arbeiten, nicht Sie für Ihr Geld.

# Warum sollte ich, nein, warum MUSS ich sinnvolles Investment betreiben?

Heutzutage können Sie es überall lesen: Nullzinspolitik, Inflation, Strafzinsen. In einer Welt, in der die Geldwerte nicht mehr den nötigen Ertrag liefern, ist es unvermeidlich, sich mit Sachwerten auseinanderzusetzen. Vereinfacht möchte ich Ihnen zu Beginn den Geldkreislauf näherbringen.

Wir fragen uns also: Wie bewegt sich aktuell unser Geld? Welchen Verlauf nimmt es? Ist das gut?

Jeden Monat gehen Sie los und üben Ihren Job aus. Ihnen wird für die Zeit, die Sie aufwenden, ein Lohn angeboten. Für eine gewisse Anzahl an Stunden Ihrer Zeit vereinbaren Sie einen Preis. So arbeiten Sie für Ihr Geld. Daran ist wenig verkehrt, doch es ist nur die halbe Miete. Für tatsächliche Freiheit muss man ab einem gewissen Punkt aufhören, Zeit gegen Geld zu tauschen. Doch was wird zu diesem Zweck grundsätzlich angeboten?

Eine Bank nimmt Ihr Geld jeden Monat dankend an. Sie sorgen dafür, dass die Banken voll hängen mit Geld, wofür Sie gearbeitet haben. Glauben Sie, dass die Bank selbst aus dieser Liquidität keinen Nutzen zieht? Sie macht eigentlich genau das, was wir tun werden: Sie lässt das Geld arbeiten. Ihr Geld wandert also zur Bank und die Bank erkennt eine Möglichkeit, damit zu wirtschaften. Das einfachste Modell ist hierbei ein Kredit. Die hohe Liquidität der Bank erlaubt es ihr, Geschäfte zu ermöglichen, die ein hohes Kapital erfordern. Dafür will die Bank natürlich etwas, nämlich Zinsen. Das Konzept dürfte Ihnen bekannt sein, doch wie sieht der Weg in Ihre Richtung aus? Was bietet Ihnen eine Bank an, die mit Ihrem Geld wirtschaftet? Die

Bank holt sich satte Zinsen über Kredite und bietet Ihnen wiederum an, eine Riester-Rente abzuschließen. Sie können auch einen Bausparvertrag wählen oder soll es doch das Tagesgeldkonto sein? All das sind klassische Bankprodukte.

Wo auch immer die Bank wirtschaftliches Potenzial sieht, kann Sie mit Ihrem Geld einsteigen und es arbeiten lassen. Was Sie angeboten bekommen, besteht aus dem Ertrag, den die Bank sich für die Zukunft erhofft. Und ich sage ganz bewusst erhofft! Von dieser Hoffnung werden natürlich noch Gehälter, Filialen und Werbekampagnen abgezogen. Was übrig bleibt, klingt alles andere als rosig: Die Riester-Rente unterliegt dem Garantiezins, der aktuell bei 0,9 % steht. Bei Bausparern haben Banken eine gewisse Freiheit, mit Ihnen Erträge zu vereinbaren. Im Durchschnitt erhalten sie etwa 0,5 %. Das Tagesgeldkonto, bei guten Anbietern, macht Sie mit 0,2 % Zinsen zum Sparkönig. Bei diesen Werten habe ich noch keinen Cent an Kosten einberechnet, die Sie aber immer auf dem Schirm haben müssen. Doch, dazu später mehr.

Sie merken, dass auf diesem Wege eine Menge Geld liegen bleibt, und der Rest wird von der Inflation gefressen.

Doch damit nicht genug: Wir leben in einem Land,

in dem die Lebenserwartung von uns allen kontinuierlich wächst. Im Jahre 1960 lag sie durchschnittlich bei 69 Jahren. Wir haben es nun geschafft, dass jeder Deutsche es zu stattlichen 81 Jahren bringt. Das ist grundsätzlich eine wundervolle Sache, denn sie spricht auch dafür, dass wir im Alter fitter sind und unser Leben auch nach allen Mühen und Schaffensphasen genießen können. Wenn Sie durch den Park spazieren, sehen Sie hoffentlich ab und zu mal auf und beobachten das süße ältere Pärchen, welches sich noch liebt wie am ersten Tag und seelenruhig die Enten füttert. Etwas klischeehaft, aber die sehr schöne Realität.

Die Schattenseite der Medaille ist allerdings auch kein Geheimnis. Wir leben in einem Land, welches einen Generationenvertrag geschlossen hat. Die Jüngeren fangen mit ihrer Arbeitsleistung den finanziellen Lebensabend der Älteren auf. Hier soll auf keinen Fall infrage gestellt werden, ob die ältere Generation das „verdient" habe, wir beleuchten lediglich die Funktionsweise des Systems. Dieser Trick nennt sich anders auch Umlageverfahren. Dies bedeutet, dass die Menschen im Arbeitsleben mit ihrem Verdienst die Rentenkassen füllen. Hier wird das Problem nun deutlich: Die höhere Lebenserwartung sorgt für einen längeren Bezug von Geldern aus den Rentenkassen.

Verschärfend lässt die Anzahl der Geburten in Deutschland deutlich nach. In Zahlen kann man beobachten, dass im Jahre 1960 etwa 62 % der Menschen 20 bis 67 Jahre alt waren. Nur 10 % der Bevölkerung überstiegen diese Zielgruppe und waren somit älter als 67. Im Jahr 2021 sind zwar in etwa genauso viele Menschen im Alter von 20 bis 67, die Zahl der über 67-Jährigen hat sich allerdings verdoppelt und macht so 20 % der Bevölkerung aus.

Die eigentliche Detonation der Zeitbombe sieht man jedoch in einer anderen Zahl: Unser Nachwuchs, also Menschen, die jünger als 20 Jahre alt sind, konnte mit einem Bevölkerungsanteil von 28 % im Jahre 1960 problemlos die Spielplätze und Jugendclubs füllen. Heute wird das schon schwieriger, denn aktuell reden wir über einen Anteil dieser Altersgruppe von zarten 18 %.

Sie merken daran deutlich, dass es immer weniger Einzahler gibt und deutlich mehr Bezieher, die dann auch noch die Zeitspanne, in der sie ihren Anspruch bedient haben wollen, durch eine längere Lebenserwartung erhöhen. Antworten, die die Politik geben müsste, wie ein höheres Renteneintrittsalter oder die Reform des Rentensystems nach dem Vorbild anderer EU-Mitglieder, bleiben offen. Möglicherweise, da sich diese Versuche nicht gut im Wahlkampf machen. Das Ergebnis wird auch Sie im Alter hart treffen, denn im Schnitt erhalten Männer eine Rente von 1.000 € und Frauen sogar nur eine Rente von 650 €. Rechnen Sie sich gern einmal aus, wie Sie mit diesem Geld Ihr Leben bestreiten möchten.

Wenn Ihnen jetzt der Begriff Altersarmut in den Sinn kommt, haben Sie verstanden, worauf ich hinaus will: Für die jüngeren Generationen wird es keine Wahl geben, ob Sie Investment betreiben oder nicht. Es ist unausweichlich für sie, ein Vermögen aufzubauen, wenn sie diesem Systemfehler begegnen wollen, und natürlich rede ich hierbei nicht von einem Investment, dass Ihnen 1 bis 2 % liefert. Jeder, der diesen Schritt nicht geht, findet sich langfristig auf der Seite der Armut wieder.

# DIE SCHERE ZWISCHEN ARM UND REICH

Stellen Sie sich einmal Folgendes vor: Wir haben einen jungen Mann, der aus einer einfachen Familie kommt. Seine Erinnerungen sind an all das geknüpft, was die finanziellen Mittel seiner Eltern ausmacht. Er ging zur Schule mit dem Ranzen, den auch schon sein großer

Bruder trug. Hier und da leicht eingerissen und verwaschen, aber er tut seinen Zweck. Die Schuhe gab es bei einer Ladenkette, die er von den großen Werbeaktionen kannte und die immer mal wieder durch schlechte Presse wegen Kinderarbeit oder einstürzende Firmengebäude irgendwo in Bangladesch aufgefallen war. Sein Fahrrad gab es, mit der einen oder anderen Schramme, von eBay-Kleinanzeigen. Klar, dieses machte immer mal wieder die ein paar lustige Geräusche und im Vorderrad war auch eine leichte Acht zu erkennen, aber was soll's, es fuhr.

Verstehen Sie mich bitte nicht falsch, wenn Sie schon ahnen, worauf ich hinaus möchte: Es geht mir nicht um die Außenwirkung durch gebrauchte Gegenstände, aber alles, was wir gerade besprechen, hat einen Wert und kann diesen halten oder auch nicht.

Wenn Sie also den Second-Hand-Schulranzen für ausreichend halten, bin ich voll auf Ihrer Seite. Ein gutes Investment ist dieser jedoch nicht. Sie müssen sich vorstellen, dass es eine Frage der Zeit ist, bis aus ausreichend Müll wird. Und was passiert dann? Der Ranzen ist wertlos und unser Investment ebenfalls.

Wenn Sie die Schuhe, bei denen mein Standpunkt am deutlichsten wird, untersuchen, wird Ihnen klar, dass auch Sie solche Treter mal mitgenommen haben.

Ich selbst habe mir mal rote Chucks im Wert von drei Euro gekauft. Drei Euro für Schuhe! Da kann man nichts falsch machen, oder?

Und ein gebrauchtes Fahrrad ist sicherlich auch dann gebraucht, wenn ich es neu kaufe und dann erstmalig damit vom Hof rolle. Sie haben recht. Damit haben Sie zu 100 % recht. Der zentrale Faktor, um den es hier geht, ist auch nicht das Beispiel, sondern ausnahmsweise das Prinzip: Kinder werden nicht tun, was wir sagen, sie tun, was wir tun. Also wird unser junger Freund sein Leben lang auf den Preis schauen und nicht auf den Wert. Die wiederholte Entscheidung zum Kauf, die eine Nachhaltigkeit von zwei Monaten innehat, kostet ihn alle zwei Monate Geld. Ob viel oder wenig, spielt an dieser Stelle keine Rolle. Sie kostet ihn Geld, weil seine Prägung auf einen Preis ausgerichtet ist und nicht auf einen Wert.

Hier wird es bereits ein wenig makaber. Menschen mit weniger finanziellen Möglichkeiten zahlen immer wieder drauf für sich wiederholende Ausgaben, die keinen Wert haben. Menschen mit mehr finanziellen Mitteln können sich die teureren Schuhe leisten und diese die nächsten zwei Jahre nutzen. Sie „halten" ihren Wert einfach länger und es gibt keinen Grund, wiederholte Ausgaben ohne Wert zu tätigen. Sicher müssen auch diese Schuhe ersetzt werden, aber wesentlich später. Das Makabre ist nun, dass unsere Gesellschaft sich immer mehr auf diese Klientel einschießt. Wertloses Zeug wird wegen des Preises produziert und aus demselben Grund auch abgenommen.

Unsere Konditionierung leitet uns diesen Produzenten in die Arme und wir tätigen wiederholt Ausgaben, die weder wertvoll noch sinnvoll sind. Meine roten Chucks haben mir übrigens genau drei Tage den gewünschten Dienst erwiesen, jedoch waren sie eine wertvolle Lektion. Seither frage ich mich, wie ich sowohl der Wegwerfgesellschaft als auch meiner Fixierung auf wertlose Ausgaben entgegentreten kann. Die Antwort ist theoretisch einfach: Ich kaufe wertvolle oder werterhaltende Dinge!

## WAS HAT HEUTE SCHON NOCH WERT?

Sie werden mir recht geben, wenn ich Ihnen mitteile, dass es viele wertvolle Dinge auf dieser Welt gibt. Für die einen sind es Edelsteine wie Diamanten, für die anderen sind es Edelmetalle wie Gold, Silber oder Kupfer, für wieder andere die Briefmarkensammlung.

Um hier nicht die ganze Welt mit ihren Elementen

und dessen Wert zu zerpflücken, konzentrieren wir uns auf zwei Möglichkeiten, die auch so gut wie jedem zugänglich sind: Aktien und ETFs.

Wie man es fachlich so macht, will ich Ihnen erst einmal erklären, worum es sich hier überhaupt handelt.

Als kleinsten Baustein unseres Investments nehmen wir uns also erst mal die Aktie vor. Eine Aktie ist, einfach formuliert, ein Anteil eines Unternehmens. Sie kennen vielleicht die Sendung „Höhle der Löwen"? Dort bieten junge Gründer einigen Investoren Unternehmensanteile (Aktien am entsprechenden Unternehmen) an. Die Investoren bewerten dann anhand des Potenzials, der Geschäftsidee, des Businessplans und den Zukunftschancen sowie der Qualität der Gründer den Wert des Unternehmensanteils und kaufen, investieren also, oder auch nicht. Vorteil für das Unternehmen ist das durch die Investition gewonnene Kapital.

Die Gesamtzahl der Aktien beträgt immer 100 %, soweit logisch, doch der Wert der einzelnen Aktie ändert sich mit dem Erfolg oder Misserfolg des Unternehmens. Schreibt ein Unternehmen Gewinne und ist gefragt, steigt es im Wert. So auch die einzelnen Teile, also die jeweilige Aktie. Eine Aktie ist ein Sachwert und nicht nur auf dem Papier vorhanden. Per definitionem ist die Aktie dennoch ein „Wertpapier", das ändert aber nichts an der Tatsache, dass hinter diesem Papier eine reale Sache steckt. Die Sache, also der Unternehmensanteil, ist ebenso wertvoll wie der Wert, den das Unternehmen generiert, zum Beispiel in Gewinnen.

Die beste Aktie 2020 in Deutschland hat eine Wertsteigerung von 738 % hingelegt. Damit wird die Chance, die solch ein Investment bietet, klar. Hätten Sie also 10.000 € in diese Aktien investiert, hätten Sie heute 7.380.000 €. Klingt schon besser als rote Chucks, oder? Auch, wenn Sie wieder merken, dass eine gewisse Liquidität für solche großen Margen vorausgesetzt wird, doch dazu später mehr.

Der Aktie übergeordnet findet sich der sogenannte ETF. Der ETF ist ein „Exchange Traded Funds", also ein börsengehandelter Indexfonds. Ein Index ist immer die Zusammenfassung einer Wirtschaftsregion beispielsweise Europa, Asien oder Nordamerika. Die Indizes investieren hier in eine gewisse Anzahl an Unternehmen, die in dieser Region vertreten sind. Sie haben hier also die Möglichkeit, in einen Topf zu investieren, der viele Aktien von vielen Unternehmen hält. Wenn Sie sich beispielsweise große Hoffnung in die wirtschaftliche Zukunft Deutschlands haben, können

Sie in einen ETF investieren, der den DAX abbildet. Der DAX glänzt mit Positionen wie der Sportmarke Adidas, dem Pharmariesen Bayer oder auch dem Autobauer BMW. Dieser Topf wird dann mit einem Programm kopiert, welches einfach und automatisiert den Index DAX abbildet, also die 30 größten deutschen Unternehmen im Falle des DAX.

Hierbei kaufen Sie effektiv auch Aktien, aber nicht direkt und nur die eines einzelnen Unternehmens, sondern die all der Unternehmen, die in dem Index zu finden sind, auf den Sie sich verlassen möchten.

Beispiele sind der „S&P 500", „Dow Jones" und „NASDAQ" für die USA, der „SCI" für China oder auch der „EURO STOXX" für Europa. Noch eine Nummer größer wäre der MSCI World, der Index, der schlicht die größten Unternehmen der Welt abbildet.

# VON DER THEORIE IN DIE PRA-XIS

Gut, wir wissen also nun, was der Markt an Investmentoptionen anbietet. Um nun aber für Sie einen logischen Weg aus diesen spannenden Möglichkeiten zu konstruieren, müssen Sie sich folgende Fragen beantworten:

1. Was soll mir mein Investment ermöglichen? (Ziel)

2. Mit wie viel Geld kann ich arbeiten? (Liquidität)

3. Wie viel Zeit möchte ich in meine Investmentpläne stecken? (Aufwand)

Die erste Frage ist meiner Auffassung nach die Wichtigste. Für viele Menschen gibt es zwei langfristige Ziele beim Gedanken, sich mit dem Investment zu befassen. Die einen wünschen sich eine gute (und bestenfalls frühe) Rente, die anderen sehen in ihrem eigenen Haus die Erfüllung ihrer Träume. Keine Sorge, es geht beides.

Jetzt sollten Sie sich einen Zettel und einen Stift nehmen und sich Gedanken darüber machen, welches dieser Ziele für Sie am reizvollsten ist (natürlich dürfen Sie sich auch selbst eines aussuchen), und was Sie dazu für ein Vermögen brauchen. Es kommt natürlich nicht auf den Cent an, aber eine Richtung sollten Sie sich auf jeden Fall geben können.

Die zweite Frage, Ihre Liquidität, lässt sich sehr einfach beantworten: Erstellen Sie sich eine Excel-Tabelle und schreiben Sie alle Ihre Ausgaben auf. Alles, was fix von Ihrem Konto abgeht – Miete, Strom, Internet, KFZ, Versicherungen, Handyverträge, einfach alles, was Sie monatlich auf jeden Fall ausgeben. Nehmen Sie sich auch weiche Kostenfaktoren wie bestelltes Essen, Computerspiele, Party, Alkohol oder Streaming-Abos vor. Wir wollen unser Vermögen aufbauen und dabei Spaß haben, ohne am Ende des Monats hoffen zu müssen, dass es noch für das Knäckebrot reicht. Was Sie jetzt noch an finanziellem Spielraum haben, sollten Sie auch noch einmal aufteilen.

Bitte geben Sie nicht 100 % Ihres Liquiditätsüberschusses für Ihr Investment aus. Das hält in der Regel niemand langfristig durch. Die Aufteilung Ihres Überschusses sollten Sie dann einerseits als Rücklage (also finanzielles Polster für Reparaturen, Umzüge und nicht übliche Anschaffungen) sehen und andererseits als Liquidität für Ihr Investment. Wenn Sie bereits 2 bis 3 Monatsgehälter oder mehr auf der hohen Kante haben, dann können Sie natürlich mehr für Ihr Investment ausgeben. Sollten Sie sogar, da es an dieser Stelle sonst nur faul herumliegt und wir wollen schließlich, dass es für uns arbeitet.

Der dritte Punkt, nämlich der Aufwand, den Sie investieren möchten, ist entscheidend für den Weg, den wir einschlagen wollen. Sie werden gleich merken, dass sich hier einige Dinge aussortieren und dass der Weg klar vom Ziel abhängig ist.

Wenn Ihr Ziel lautet, in möglichst kurzer Zeit viel Geld zu machen, dann können Sie getrost auf einen Onlinebroker zugreifen. Diese gibt es in vielen verschiedenen Varianten. Sie können mit solchen Plattformen wie „Flatex", „Traderpublic" oder „Scalable.Capital" ganz einfach und direkt in Aktien und auch ETFs investieren. Ich habe im vorherigen Abschnitt von der 738-%-Aktie gesprochen. Wenn Sie also viel Geld in kurzer Zeit (also 1 bis 10 Jahren) machen möchten, ist das mit einem gewissen Risiko verbunden.

Mit Risiko meine ich, dass hier auf keinerlei Streuung geachtet wird. Sie würden also auf ein einziges Pferd setzen und hoffen, dass es mindestens auf dem Treppchen steht. Sie können nun also auf eine Aktie setzen und hoffen, dass diese entsprechend durch die Decke geht. Entweder das funktioniert oder auch nicht.

Ich würde Ihnen gern den „von-heute-aufmorgen-Millionär-Tipp" geben, doch ich fürchte, diese Versprechung muss eine leere bleiben. Ich kann Ihnen allerdings mitteilen, dass der Versuch bei einem Aktieninvestment immer von dem Gedanken geprägt ist, den „Markt", also den Durchschnitt, zu schlagen. Dass das mehrere Jahre in Folge gelingt, ist aber unwahrscheinlich. Eine schnelle Rendite ist immer mit einem solchen Risiko verbunden. Meine Empfehlung für diese Art des Investments geht aber eher in die Richtung der Leute, die wirklich bewandert auf diesem Gebiet sind.

Eine Analyse der richtigen Aktie und dem richtigen Zeitpunkt, um diese zu kaufen, ist meiner Auffassung nach nichts für einen Hobbyinvestor. Sie können dieselben Schritte übrigens auch in einem Depot bei der Bank Ihres Vertrauens machen. Ein Depot ist auch nichts anderes als der Zugang für jedermann zu diesem Markt. Mein Fazit zu dieser Strategie lautet allerdings: Bitte nur mit Spielgeld machen! Es ist leider sehr risikoreich, sich einzureden, man würde mit Sicherheit wissen, wie eine Aktie läuft. Ich glaube, jeder Wirecard-Aktionär wird Ihnen das bestätigen.

Wenn Ihr Ziel etwas langfristiger ist, können Sie im selben Rahmen auf die genannten Tools zugreifen. Doch nun mal von dem Wunder der Superaktie in die

Realität:

Wenn Sie Realist sind, wird Ihnen schnell klar werden, dass Ihnen aktuell die Fähigkeiten fehlen, eine entsprechende Marktanalyse für die Superaktie zu betreiben. Und es wird auch keine Überraschung für Sie sein, dass selbst Top-Analysten Fehler machen. Das ist normal und soll auch nicht der Weg sein, den wir hier beschreiten. Wir müssen uns nun anhand unserer drei Fragen überlegen, was wir tun können, um die erste Frage, also unser Ziel, zu erreichen.

Dazu würde ich Ihnen noch einen wichtigen Tipp mit an die Hand geben: Investieren Sie nicht mit einem großen Betrag einmalig, sondern legen Sie regelmäßig an. Der Vorteil hier ist wieder unserem Sicherheitsempfinden geschuldet. Wenn Sie nun Ihre hart ersparten 10.000 € in eine Aktie oder einen ETF stecken, können Sie unmöglich sagen, in welcher Phase sich dieses Investment gerade befindet.

Dazu folgendes Beispiel: Sie sehen eine Aktie, die es in den letzten drei Jahren geschafft hat, immer wieder um 50 % zu steigen. Diese Statistik sieht sicherlich toll aus, doch der Blick in die Vergangenheit ist ein Blick in das, was war. Außerdem kaufen Sie nun etwas zu dem Zeitpunkt, an dem es ohnehin schon sehr teuer geworden ist. Sie könnten zu spät sein, müssen es aber nicht.

Sinnvoller ist es jedoch, sein Vermögen monatlich in das gewählte Investment fließen zu lassen. Auch Dinge, die um 50 % im Wert steigen, haben Phasen, in denen Sie genau das nicht tun und hier wollen wir uns den Cost-Average-Effect zunutze machen. Wenn Sie jeden Monat für 200 € etwas kaufen, was 50 € kostet, kriegen Sie im ersten Monat vier Teile. Logisch? Logisch. Steigt der Wert im nächsten Monat auf 100 € kaufen Sie für die gleiche Summe Geld weniger Anteile, nämlich für unsere 200 € nur zwei, statt vier Anteile.

Also sehen wir, dass der Preis steigt, und kaufen entsprechend weniger, da wir günstig kaufen und teuer verkaufen wollen. Hätten wir nun einen Wertverfall auf 25 €, würden wir wieder für 200 € einkaufen, aber auch 8 Teile bekommen. So schaffen wir es, immer dann viel zu kaufen, wenn etwas günstig ist, und dann wenig zu kaufen, wenn etwas teuer ist. Sie kennen das Spielchen sicherlich von der örtlichen Tankstelle.

Wenn wir im selben Beispiel bleiben, aber sofort unsere 10.000 € in unser Investment stecken, unterliegen wir sofort mit unserem ganzen Geld den Schwankungen im Markt. In Monat eins kaufen wir also komplett ein und haben 200 Anteile á 50 € Wert. Jetzt steigt der Wert und wir haben im nächsten Monat immer noch dieselben Anteile und dafür aber einen Wert von 20.000 € (200 Teile mal 50 € = 10.000 € und 200 Teile mal 100 € Wert = 20.000 €). Im Fall des Wertes bewegt sich aber wieder unser gesamtes Investment und wir haben plötzlich unsere 200 Teile, die nur noch den Wert von 25 € pro Stück haben.

So werden schnell aus 10.000 € dann 5.000 €. Wegen dieses Effektes ist ein monatlicher Vermögens- oder Sparplan nach meiner Auffassung die bessere Variante. Natürlich müssen Sie hierbei beachten, dass Sie irgendwann, wenn Sie in die Nähe Ihrer Zielerreichung kommen, wieder eine große Summe Geld den Schwankungen des Marktes aussetzen. Zum Ende hin lohnt es sich also, in weniger schwankende Anlagemodelle umzuschichten, sonst kehrt sich der Cost-Average-Effect für Sie um.

Wir fassen also kurz zusammen, was Sie für sich persönlich tun sollten:

1. Definieren Sie Ihr Ziel

2. Definieren Sie Ihre Liquidität

3. Definieren Sie Ihren Aufwand.

## WELCHE ANBIETER GIBT ES?

Nun kommen wir an den Punkt, an dem es für viele zu einer Überwindung wird, sich in die wundervolle Welt des Investments zu werfen. Ab jetzt kommt nämlich ein Dritter mit in unsere Runde und das wird natürlich schwierig, weil es gerade, wenn es um Geld geht, einer gewissen Vertrauensbasis bedarf. Hier ist viel Platz für große Fehler und man sollte mit Bedacht wählen, auf wen man sich verlassen möchte.

Manche Dinge klingen zu gut, um wahr zu sein, und damit haben auch einige dem Finanzmarkt keinen Gefallen getan. Im Jahr 2000 dachten sich ein paar findige Unternehmer, dass man mit Immobilien hohe Renditen erzielen könne. Einfach gesagt, hatte man vor, Immobilien günstig aus Zwangsversteigerungen zu erwerben und diese dann zum Verkehrswert zu verkaufen oder sie als Mehrfamilienhäuser oder Ähnliches zu vermieten. Eigentlich kein schlechtes Geschäft und Immobilien klingen in einem deutschen Ohr doch immer sehr seriös, oder?

Ohne nun zu vertiefen, wie das Geschäftsmodell an die Wand gefahren wurde (recherchieren Sie bei Interesse einfach die „S&K-Gruppe"), will ich hier auf einen anderen Punkt hinaus. Die Organisation hatte große Versprechungen gemacht, und zwar derart, dass man garantierte Gewinne von 8 % einfahren könne und würde! Dazu hatte sich die Gesellschaft vertrauenswürdige Unterstützung geholt. Notare, Anwälte, Steuerberater, Gutachter, sie alle hatten der Organisation gute Geschäfte unterschrieben. Wirkt das nicht vertrauenerweckend, wenn ein Notar Ihnen die Sicherheit dieses Investments bestätigt?

Das Ende vom Lied ist ein Totalverlust für die Anleger; Mitarbeiter, die hinter Gittern sitzen und ein tiefes Loch im Vertrauen der Verbraucher. Gerade wegen solcher Anbieter muss man sich bei seinem Partner einfach sicher sein.

Bisher haben wir viel, eigentlich ausschließlich, über Depots und Onlinebroker gesprochen. An diese kommt man sehr einfach über seine Bank des Vertrauens oder man lädt sich einfach eine App. Jedoch haben wir genau da unseren Dritten sitzen und, ob Sie es glauben oder nicht, dieser möchte ebenfalls Geld verdienen. Verstehen Sie mich nicht falsch, der Großteil am Markt ist seriös und möchte Ihnen einfach einen Zugang zu diesem Markt erstellen, aber das Wissen um die Wege, die das Geld nimmt, welches man investiert, sollte man im Hinterkopf haben. Hinterfragen wir also einen zentralen Punkt bei unseren Plänen, nämlich die dazugehörigen Kosten.

Nehmen wir mal einen der Anbieter, die Ihre Geschäfte über eine App abwickeln. Also das Beispiel TradeRepublic. Der deutsche Onlinebroker mit Sitz in Berlin bewirbt sich selbst auf einigen Seiten als „provisionsfreier" Broker. Dies darf er, da er tatsächlich auf Sparpläne keine gesonderten Kosten erhebt. Damit meine ich an dieser Stelle rein die Ordergebühren. Ordergebühren sind Kosten, die für eine Transaktion, also beispielsweise den Kauf einer Aktie anfallen. Oft gelten hier pauschale Beiträge, also ist die Gebühr unabhängig vom Volumen Ihrer Order. Einen besonders hohen Preis müssen Sie hier ebenfalls nicht befürchten. In unserem Beispiel liegt er bei einem Euro pro Order. Wie oben schon beschrieben, fällt dieser bei einem Sparplan weg. TradeRepublic verdient sein Geld damit, dass über die Partner, über die Kaufabwicklungen entstehen, eine Rückvergütung ausbezahlt wird.

Ebenfalls beachten sollte man die Kosten, die laufend entstehen. Neben dem Broker, den man nutzt, haben auch ETFs selbst Ihre Kosten. Diese sind relativ gering, aber man sollte mal von Ihnen gehört haben. Die Gesamtkostenquote nennt sich hier bei TER (Total Expanse Ratio), wobei man konstatieren muss, dass selbst darin nicht alle Kosten berücksichtigt werden.

Es gibt auch noch ein sogenanntes „Ongoing Charge", welches die Haltekosten des ETFs mit abbildet. Diese laufenden Kosten werden auch laufend von dem ETF abgezogen. Sie sind allerdings in den Fondskurven und Abbildungen schon berücksichtigt. Natürlich sind Kosten wichtig, müssen allerdings immer in Relation zum potenziellen Ertrag gesehen werden. Informieren Sie sich also über die Chancen, die Ihr Investment bietet, und beachten Sie dabei die Kosten, die entstehen. Ebenfalls sehr wichtig ist die Art des Fonds, auf den Sie setzen. Bei ausschüttenden Fonds müssen Sie nach Ihrer Steuerfreigrenze auch Abgaben an den lieben Vater Staat bezahlen. Das Risiko überlässt der Staat jedoch Ihnen.

## WAS SIND MÖGLICHE FEHLER BEI ETFS?

Natürlich sind auch ETFs und die Sparpläne dazu nicht frei von Stolpersteinen. Um diese zu vermeiden, möchte ich Ihnen nun die Dinge verraten, die Sie als Investor vermeiden sollten. Bitte lassen Sie sich nicht von der Angst lähmen, Fehler zu machen. Trotzdem werden wir diese natürlich so gering wie möglich halten. Sollten Sie schon losgelegt haben und wir hier einen Fehler aufdecken, ist das natürlich nicht schlimm, denn wie so häufig lassen sich Fehler korrigieren. Kommen wir nun zu dem ersten Fehler, den Neuanleger oder Anfänger gern einmal begehen.

**Ich nutze meine ETFs zum aktiven Handel.**
Hier würde man die Stärke eines ETFs gegen sich arbeiten lassen. Der ETF selbst ist ein passives Investment-Produkt. Wenn ich bei jeder Schwankung reagiere und mich raus- und wieder reinkaufe, verpasse ich den monetären Vorteil, den mir mein Sparplan durch die Kostenreduktion bringt. Das „Trading" mit ETFs widerspricht also dem Vorteil des ETFs selbst. Bitte beachten Sie, dass Ihr ETF eine gewisse Ruhe und Zeit braucht, um seine Kraft zu entfalten. Der Ansatz beim Investment in ETFs entspricht dem Buy-and-Hold-Prinzip, also dem Prinzip des Kaufens und Haltens.

**Das ETF-Hopping**
Hierbei schichtet der Anleger sein Investment regelmäßig von einem ETF in den anderen. Hierbei widersprechen Sie nicht nur wieder dem Buy-and-Hold-Prinzip, Sie versagen sich auch das Miterleben von Aufschwüngen. Wenn Sie auf jeden Aufschwung in einem anderen ETF reagieren, sind Sie in der Regel spät

dran und auch noch gerade dann aus Ihrer ursprünglichen Strategie raus, wenn diese dann in ihren Aufschwung erlebt. Außerdem lassen Sie sich so möglicherweise von Ihrem Anbieter treiben. Wenn dieser nun ETF A kostenfrei bewirbt, klingt das vielleicht verlockend, doch es entspricht wahrscheinlich nicht Ihrer Strategie. Bleiben Sie lieber bei Ihrem Plan und wechseln Sie nicht fremdbestimmt den eingeschlagenen Pfad.

Wenn jedoch ein sehr verlockendes Angebot winkt und es Ihrer Strategie entspricht, können Sie sich ausrechnen, ob es sich lohnt, Ihre Anteile zu verkaufen oder Sie in dem alten Sparplan ruhen und arbeiten zu lassen. Auch die Anbieter modifizieren ihre Modelle und da sind durchaus sinnvolle Ideen dabei. Grundsätzlich sollte man sich allerdings nicht verrückt machen lassen. Viele Angebote sind auch einfach Marketing und Sie haben neben neuen Kosten auch mit einem unübersichtlicheren Depot zu rechnen. Also nicht vergessen, lieber aktiver Investor: Hin und her macht Taschen leer.

**Investieren Sie nicht in Dinge, die Sie nicht verstehen.**
Es kann sehr attraktiv sein, modernen Schlagworten wie Biotechnologie oder Kryptowährungen hinter-

herzulaufen. Das wissen allerdings auch alle anderen am Markt. Hier laufen Sie Gefahr, einem Trend in die Arme zu laufen, der nur das ist: ein Trend. Fragen Sie sich eher, ob hier eine Langfristigkeit gegeben ist, die Ihnen eine Wertsteigerung verspricht. Es spricht nichts dagegen, in Dinge zu investieren, an die man glaubt, aber stellen Sie sich auch darauf ein, einer Modeerscheinung zu begegnen, und analysieren Sie diese entsprechend.

## Diversifikationsillusion

Wie bitte? Hier muss darauf geachtet werden, dass Sie nicht ausschließlich auf ETFs setzen, die zwar alle gut laufen und geringe Kosten haben, aber aus ein und demselben Grund ihre Rendite erzielen. Wenn Sie keine Analyse betreiben und nur auf Fondskurven blicken, kann es sein, dass Ihre Top-3 aus den gleichen Gründen so gut laufen.

Dann haben Sie vielleicht drei ETFs gewählt, die dieselben Regionen, Branchen oder Technologien abbilden. Wenn genau diese dann in eine Rezession verfallen, spüren Sie diese in jeder Ecke Ihres Portfolios gleichermaßen und genau das will man durch eine Diversifikation (Verteilung) verhindern. Klingt vielleicht etwas kompliziert, ist aber recht einfach. Sie möchten auf Regionen setzen? Wählen Sie unterschiedliche wie

Europa, Asien und Nordamerika (als Beispiel). Sie möchten auf Branchen setzen? Wählen Sie IT, Nahrungsmittel und die Automobilindustrie. Bitte nehmen Sie diese Vorschläge nicht einfach an, sondern recherchieren Sie entsprechend und diversifizieren Sie sodann.

Ein Beispiel hier wäre der MSCI World und der S&P 500. Wähle ich ETFs mit diesem Schwerpunkt, habe ich ein großes Gewicht meines Investments in den gleichen Unternehmen, da in beiden Indizes Microsoft, Apple und Amazon eine große Gewichtung haben. Dazu einfach mal vergleichen, welche Unternehmen in welchem Index sind.

## Die Beachtung der Fondswährung
Beruhigung. Es spielt keine Rolle, in welcher Währung der Fonds ausgibt. Die Depotbank, über die sie arbeiten, wird Ihre Einkäufe automatisch an die entsprechende Währung anpassen.

## Die Versteifung auf Kosten
Natürlich haben wir das Thema Kosten schon beleuchtet und ein Grundwissen dazu sollte durchaus vorhanden sein. Dieses steht aber immer in Relation zu der Rendite, die man erwirtschaften wird, und so teure Finanzprodukte, dass die Kosten die Rendite fressen,

wird der geneigte Privatinvestor (also Sie) in einem Depot oder einem Onlinebroker kaum finden. Wenn Sie Fehler 1 bis 5 vermeiden, müssen Sie Kosten kaum befürchten, da Sie langfristig und fehlerfrei Gewinne einfahren, die Ihre Kosten mehr als amortisieren. Dieses Problem dürfte eher auf Sie zukommen, wenn Sie sich mit einem Vermittler einlassen, der Ihnen ein Produkt zu diesem Zweck verkauft. In diesem Bereich gibt es einiges am Markt, was absoluter Unsinn ist, kommt aber auf Sie als aktiver Investor kaum zu. Bei ETFs haben Sie ohnehin eine geringe Kostenstruktur, bei gemanagten Fonds sollten Sie an dieser Stelle wacher sein, doch das steht auf einem anderen Blatt.

Wenn ich nun mit meinem grundlegenden Fachwissen in den Markt einsteigen möchte, muss ich bei Aktien einen höheren Aufwand betreiben. Dazu gehört die Analyse, welche Unternehmen für Ihren Anteilswert aktuell unterbewertet sind. Dafür sollte ich ein sehr aktiver Investor sein.

ETFs fallen demgegenüber in den passiveren Bereich, nehmen Sie sich hier also die Zeit, sich für einen Weg zu entscheiden. Die Erfahrung zeigt jedoch, dass der passive Weg langfristig ertragreicher ist.

Viele Menschen splitten den Sektor jedoch einfach und legen mit einem Teil ihrer Liquidität einen

Sparplan fest, und „zocken" mit dem anderen Teil mit Aktien, weil es Ihnen Spaß macht, sich mit diesem Thema zu befassen. Dazu gehört auch, wirtschaftliche Modelle auseinanderzunehmen und eine Analyse mit Finanzkennzahlen und Jahresberichten zu betreiben.

Lohnt es sich, in einer Zeit, in der ATHs (All-Time-Highs) in aller Munde sind, in den Markt einzusteigen?

Unser ATH, also unser Allzeithoch, bedeutet schlichtweg, dass ein Fonds seinen höchsten Punkt aller Zeiten erreicht hat. Man bekommt natürlich ein etwas schlechtes Bauchgefühl, wenn man sich überlegt, dass man eigentlich günstig einkaufen möchte und man dann über Allzeithochs nachdenken muss. Diese Hemmung sollten Sie allerdings über Bord werfen, da sie Sie einfach nur lähmt.

Die Corona-Krise hat die Anleger verunsichert, was zu starken Kurseinbrüchen geführt hat. Dies bedingte allerdings auch eine kurz darauffolgende Goldgräberstimmung, da es plötzlich möglich war, geschüttelte Branchen günstig einzukaufen. Diese Chance nutzten tatsächlich sehr viele gewiefte Anleger. Viele große Indizes befinden sich auch deshalb und wegen der Hochzeit der Technikbranche nun auf ihrem Zenit.

Wenn man sich die Fondscharts zu Krisen

anschaut, ergibt sich ein logisches Bild. Kurz vor der Krise stand man auf seinem bisherigen Allzeithoch. Schön wäre es gewesen, genau zu diesem Punkt zu verkaufen und dann im tiefsten Punkt wieder einzukaufen. Also als Beispiel seine 100 Anteile am DAX á 100 € zu verkaufen und dann 10.000 € in der Hand zu haben, um ein paar Monate später 1000 Anteile für 10 € zu kaufen, da der Wert in der Krise immens gefallen ist. Dies hätte zur Folge, dass man mit seinem Investment anstatt 100 Anteile am DAX nun 1000 Anteile hätte. Dieser Wunsch wird jedoch ein frommer Wunsch bleiben, bis Sie die Glaskugel finden, die Ihnen den perfekten Zeitpunkt verrät. Aber keine Sorge, auch Sie werden den Aufschwung zu einem Allzeithoch miterleben, denn diese bilden sich aus der Ansammlung vieler kleiner Allzeithochs, was entsprechende Fondskurven immer wieder darstellen. Viele temporäre Allzeithochs führen dann zu einem historischen Allzeithoch. Der Terminus Allzeithoch ist also etwas trügerisch, da wir dieses Markttiming unmöglich betreiben können oder auch wollen. Oft haben Sie durch die An- und Verkäufe auch einfach zu hohe Kosten, sodass jeder Cent, der ein neues „Allzeithoch" bestimmt, nicht zu einem Verkauf und jeder Fall darunter wieder zu einem Ankauf führen darf. Dazu ein altes Zitat der Börsianer:

*„Time in the market, beats timing the market"*

Was nichts anderes heißt, als dass die Zeit im Markt das Timing im Markt schlägt. Ihnen wird also wieder auffallen, dass das langfristige Investieren sowohl mehr Sicherheit als auch mehr Ruhe und dann auch Rendite bringt.

Wenn man nun aber das schlechteste Timing überhaupt hat und einen Tag vor der Corona-Krise all sein Geld investiert hat, fällt nur auf, dass man ein schlechtes Timing hatte. Der MSCI World hat genau zu diesem Zeitpunkt 30 % eingebüßt. Schon blöd, wenn man direkt am Tag davor seine 10.000 € in seinen dazugehörigen ETF gesteckt hat.

Heute spielt aber auch dieser größtmögliche Rückschlag keine Rolle mehr. Kommt nun nämlich die Zeit im Markt zum Zuge, fällt auf, dass schon ein Jahr später wieder Renditen von über 14 % zu erzielen waren – und da ist der Fall um 30 % schon eingerechnet.

Sie sehen also, dass die Zeit hier alle Wunden heilt und der MSCI World ganz gemütlich von einem Allzeithoch in eine Krise und dann wieder in ein neues Allzeithoch spaziert ist. Hätten Sie den Spaziergang genauso mitgemacht, hätten Sie ein Tal der Tränen mit

7000 € in der Tasche durchwandert, würden nun aber auch munter grinsend aus Ihrer Goldmine kommen und 1140 € Gewinn vorweisen können. Kommt Zeit, kommt Rat – und wohl auch Geld.

Noch besser wären Sie dabei weggekommen, wenn Sie ratierlich gespart hätten. Denn so hätten Sie zwar per Beginn teuer eingekauft, dann aber die günstigen Kurse in der Krise mitgenommen. Es kann Ihnen keiner versprechen, dass wir nicht bereits vor der nächsten großen Krise stehen.

Das bringt uns zu einem weiteren Punkt, der die meisten Deutschen unfassbar viel Geld kostet, nämlich unsere Opportunitätskosten. Hiermit ist die permanente Warterei gemeint, die wir im obigen Absatz schon angerissen haben. Das ständige Zögern und Zaudern lassen uns gar nicht erst im Markt investiert sein.

Zwei Situationen halten uns hier übrigens vom Investment ab:

1. Alles steigt, ich bin zu spät dran.
2. Alles fällt, aktuell ist es zu gefährlich.

Wann sollte man also einsteigen? Die Antwort ist ganz einfach, und zwar sofort. Jede Sekunde, die Sie abwarten, sind Sie nicht Teil des Aufschwungs und Sie verpassen zeitgleich auch den Abschwung, was deshalb nicht gut ist, weil Ihnen hier günstige Preise entgehen. Hüten Sie sich also noch einmal davor, sogenanntes Markttiming zu betreiben, und seien sie ebenfalls mutig, was den Start Ihres Investments angeht.

Zusammenfassend lässt sich letztlich sagen, dass Allzeithochs keine Rolle für den geneigten Investor spielen dürfen. Sie gehören schlichtweg, genauso wie Tiefs, zum Wirtschaftszyklus dazu und sind für uns als Investoren nur von Vorteil.

## WELCHE FONDSARTEN EXISTIEREN NOCH?

Nun haben wir uns schon darüber informiert, was hinter dem Gedanken der Aktie und dem ETF steckt. Doch neben diesen Finanzmodellen tummeln sich noch viele weitere Optionen in der Welt der Anlagemöglichkeiten. Wir betrachten nun neben dem ETF einmal, mit wem wir uns das Parkett so teilen.

**Aktienfonds**
Ein Aktienfonds ist ein rein in (oder zumindest zum überwiegenden Teil) Aktien investierender Fonds. Innerhalb dieses Fonds befindet sich eine Vielzahl an Unternehmen.

Dieser Aktienfonds kann sowohl ein ETF sein, also auch ein gemanagter Fonds. Sie unterscheiden sich je nach Strategie und Inhalten, also Unternehmen, in die sie investieren. Der Fokus liegt hier auf dem Ertrag, dieser ist jedoch mit entsprechenden Schwankungen verbunden. Vorteil: Man profitiert vom Fachwissen der Fondsmanager (bei gemanagten Fonds) oder dem dazugehörigen Index und hat kaum eigenen Zeitaufwand, da dieser sich lediglich auf die Auswahl des Fonds beschränkt. Das Anlageziel sollte eher langfristig sein.

**Rentenfonds**

Ein Rentenfonds hat nichts mit der Altersrente zu tun. Das Kapital geht hierbei in Anleihen, die auch Rentenpapiere genannt werden. Eine Anleihe ist ein Wertpapier mit zwei Parteien. Es gibt zum einen den Schuldner, der über die Herausgabe der Anleihe an Kapital kommt, und zum anderen den Gläubiger, der sich dann über Zinsen freuen kann. Der Unterschied zum Kredit ist, dass es keine oder sehr geringe Sicherheiten verlangt, eine Anleihe auszugeben.

Das Risiko wird über die Höhe des Zinses ausgeglichen. Die geht sowohl bei Staaten als auch bei Unternehmen. Die Zinshöhe und Laufzeit werden per Beginn festgelegt und einmal im Jahr erhält der Gläubiger eine Auszahlung, die auch Rente genannt wird. Zu einem vereinbarten Termin erhält der Gläubiger sodann das Kapital zurück.

Rentenfonds haben ein geringes Risiko und sind für eher vorsichtige Anleger interessant. Hierbei sollte man jedoch beachten, ob man mit den Erträgen überhaupt die Inflation schlägt, da die Rendite deutlich geringer ist als bei Aktienfonds. Gegebenenfalls ist die Investition in Rentenfonds für einen mittelfristigen Anleger sinnvoll.

**Immobilienfonds**

Hier investiert die Fondsgesellschaft in Immobilien. Eine grundsätzlich sicher klingende Sache, da man gemeinschaftliche Gebäude und Grundstücke erwirbt, die aktuell preislich nahezu überall durch die Decke gehen.

Die Rendite wird hier durch Wertsteigerungen und regelmäßige Mieteinnahmen generiert. Der Fondsgedanke wird dadurch befriedigt, dass man in unterschiedliche Immobilien zeitgleich investiert. Diese Fonds kann man zur Diversifikation nutzen. Wichtig hierbei sind beispielsweise Mindesthaltefristen: Hierbei wird vereinbart, dass man seine Anteile mindestens 24 Monate hält.

Außerdem gibt es eine Rückgabefrist: Die

Rückgabe der Anteile muss ein Jahr im Voraus geschehen und wird als unwiderruflich bedingt. Bei Einhaltung aller Fristen kann man seine Anteile dann eigentlich börsentäglich abgeben. Oft wird aber vereinbart, dass dies nur ein bis zweimal im Jahr möglich ist. Auf diesen Mangel an Flexibilität ist unbedingt zu achten. Einen alternativen Käufer kann man sich anderweitig jedoch ebenfalls suchen.

## Spezialitätenfonds

Der Spezialitätenfonds ist ein sehr eng auf seine Branche, sein Thema oder seinen Bereich abgestimmtes Modell. Dies generiert natürlich das Risiko, dass diese Branche auch entsprechend erfolgreich ist. Durch die Eingrenzung erhofft man sich jedoch eine höhere Rendite. Hier ist man aber größeren Schwankungen ausgeliefert, was ganz einfach die mangelhafte Streuung mit sich bringt. Für die Diversifikation kann man sich aber auf den einen oder anderen Spezialitätenfonds einlassen.

## Mischfonds

Der Mischfonds verallgemeinert die vorangegangenen Investmentklassen. Im Porträt eines jeweiligen Fonds kann man sich das auch ganz wunderbar anschauen. Hier ist unterteilt, zu wie viel Prozent das Kapital in welchen Bereichen angelegt ist.

Bei Ihrer Recherche nach Mischfonds wird Ihnen eine gewisse Aufteilung in die verschiedenen Anlagemöglichkeiten auffallen. Hier werden risikoreiche Anlageklassen mit risikoärmeren kombiniert. Je nach Marktlage kann das Fondsmanagement die Gewichtung der Anlagen verschieben und so Krisen begegnen. Aber aufgepasst: Ein ETF unterliegt einem Programm und hat diese Fähigkeit in der Regel nicht. Mischfonds eignen sich also für ein mittel- oder langfristiges Investment, da sie weniger krisenanfällig sind.

## GIBT ES WEGE, MIR DEN GESAMTEN AUFWAND ABNEHMEN ZU LASSEN?

In der großen weiten Finanzwelt gibt es unzählige Optionen, zu investieren. Die spannende Frage, die sich jeder stellt, ist eigentlich immer die gleiche: Lohnt sich das?

Gehen Sie gern mal in die Bank Ihres Vertrauens und nehmen Sie sich eine einzige Sache vor, die Sie auch unbedingt einhalten müssen: ICH WERDE NICHTS UNTERSCHREIBEN!

Denn welche Produkte kennen Sie aus dem

typischen Bankgeschäft? Wir haben ein paar von ihnen hier schon einmal erwähnt, doch nun wollen wir mal sehen, ob sie unserem Zweck förderlich sind. Der Klassiker, den ein Deutscher sich gerade in den 90ern hat andrehen lassen, ist die kapitalbildende Lebensversicherung. Wie der Name verspricht, soll diese für Sie Kapital bilden und zeitgleich als Lebensversicherung fungieren. Ohne zu fachlich zu werden, funktionierte dieses Prinzip auch mal. Der Garantiezins deutscher Lebensversicherer lag mal bei 4 % – garantiert auf das, was sie eingezahlt haben. Das ist schon ein super Deal, wenn man bedenkt, dass man so gar kein Risiko hat, und es sogar Zeiten gab, in denen diese Verzinsung auch noch von der Steuer unberührt blieb. Von der Nostalgie in die Realität ist es heute aber so, dass der Garantiezins bei 0,9 % liegt, die Erträge nicht mehr steuerfrei sind und zu aller Erschwernis auch noch Kosten für Produkt, Makler, Versicherer, Todesfallleistung und Verwaltung kommen (die Aufzählung ist nicht abschließend). Jeder, der Zahlen liebt, kann sich jetzt daran stoßen, dass man bei null Ertrag auch null Steuern zahlt, das löst aber nicht das Problem. Das Produkt bleibt einfach für Ihre Zwecke ungeeignet. Oder kommen Sie mit diesem Mittel zu Ihrem gesetzten Ziel?

Wenn Sie Ihrem Bankberater nun klargemacht haben, dass sein Plan A nicht funktioniert, wird er vielleicht an Ihre Sicherheitsbedenken appellieren und Ihnen gedanklich ein Haus hinstellen. „Stellen Sie sich nur mal vor: Sie stehen auf Ihrem Balkon, wenden Ihr Steak und winken den Kindern, dass sie aus dem Pool zum Essen kommen sollen!" Ich wünsche Ihnen das auch, aber ob der Vorschlag des Bankmitarbeiters Ihnen dabei hilft?

„Schauen Sie, der Bausparer sichert Ihnen heute schon den Kredit für genau dieses Haus und der Zins ist garantiert! Wer weiß schon, wie lange die Niedrigzinsphase noch anhält!"

Ich kann Ihnen darauf auch keine Antwort geben, doch die renommierten Häuser, die so etwas hochrechnen, prognostizieren auch keine Änderung in den nächsten 25 Jahren. Und selbst wenn, was glauben Sie denn, was einem Kreditgeber besser gefällt: eine Garantie aus einem Bausparer oder Ihr Eigenkapital in Höhe von 80.000 €? Neben dem augenscheinlich netten Zweck des Bausparers kommen auch hier wieder Kosten und Rendite auf Sie zu.

Ich hatte schon unzählige Bausparer auf dem Tisch und die besten haben Zinsen von rund 1,5 %. Mittlerweile wird Ihnen aber auffallen, dass der

Vorschlag Ihres Bankberaters irgendwo bei 0,5 % oder weniger liegt und Sie somit arge Probleme bekommen sollten, allein die Kosten in Höhe von 1 % der anvisierten Bausparsumme wieder hereinzuholen. Sparen Sie also auf eine Bausparsumme von 100.000 € hin, kostet Sie das per Beginn schon 1.000 €. Somit erreichen Sie auch nur sehr schwer (wenn überhaupt) die Summe, die Sie brauchen, damit der Bausparer „zuteilungsfähig" wird. Erst ab einer gewissen angesparten Summe können Sie den einzigen Zweck, den Ihr Bankberater im Bausparer verkaufen kann, auch nutzen. Wenn Sie also nicht die Zeit verlieren wollen, in der Sie Zinsen einfahren können, ist der Bausparvertrag ebenso antiquiert wie die Lebensversicherung selbst. Behalten Sie es also im Kopf: <u>Nicht unterschreiben!</u>

„Ja, wenn man es nachrechnet, hat es auch Nachteile!", lacht Herr Müller aus der Bank Ihre exzellente Argumentation dann weg und fragt Sie vielleicht die eine oder andere Frage zur Altersvorsorge. Ein Auslaufmodell gibt es ja noch in den staubigen Schubladen des Bankgeschäfts. „Wollen Sie denn nicht auch Geld vom Staat geschenkt bekommen?" Doch, doch! Aber zu welchem Preis? Die Riester-Rente verspricht genau das, doch hat natürlich auch ihre Macken und davon nicht zu wenig. Es handelt sich um ein staatliches

Produkt, dadurch ist der Verwaltungsaufwand recht hoch, was wiederum die Kosten dafür in die Höhe treibt. Die Rendite ist mal wieder garantiert und orientiert sich an unserem aktuellen Garantiezins: 0,9 %. Sparen Sie sich die Freudensprünge, auch hiermit treten wir nur auf der Stelle.

Es gibt sicherlich gute Argumente für solche Produkte, doch wenn Sie sich über Aktien und ETFs informieren, dann wollen Sie sich nicht mit Garantieprodukten auseinandersetzen. Nur Mut und Sie machen es wie die großen Investoren! Oder glauben Sie etwa, Heidi Klum hat eine Riester-Rente? Thomas Gottschalk einen Bausparvertrag? Günther Jauch eine Lebensversicherung mit Garantieverzinsung? Höchstens, wenn die zu Zeiten mit 4 % abgeschlossen wurde, also wollen wir das mal nicht ganz ausschließen. Heute ist das allerdings, wie beschrieben, nicht mehr umsetzbar. Ganz im Gegenteil: Viele Banken nehmen schon Strafzinsen, wenn Sie im jeweiligen Haus zu viel Geld parken.

## Fondsgebundene Rentenversicherung

Als Zwischenschritt will ich Ihnen aber auch eine Sache nicht verschweigen, denn selbst die Finanzdienstleistung erkennt Trends und weiß diese auch zu bedienen. Hier ist nur Vorsicht geboten, aber das hatten wir schon, als wir uns über die Auswahl eines Anbieters unterhielten.

Sie können einen ETF auch in einer fondsgebundenen Rentenversicherung besparen. Den Nachteil will ich Ihnen zu Beginn klar nennen: Der Vermittler oder das Unternehmen, bei dem Sie diesen Service in Anspruch nehmen, wird an Ihnen Geld verdienen. Geld, welches nicht in Ihrem Spar-Topf landet, sondern bei dem Zwischenhändler. Dieses Problem haben Sie nicht, wenn Sie sich selbst an die Arbeit machen, doch die fondsgebundene Rentenversicherung kann auch gut sein. Ich kann aber nicht oft genug unterstreichen, wie wichtig es ist, hier die Kosten im Blick zu haben. Vermittlung, Abschluss, Verwaltung – alle diese Dinge kosten Geld und diese Faktoren müssen beachtet werden. Ein weiterer Nachteil ist, dass Sie über eine Versicherung mit einem deutlich kleineren Fondsportfolio arbeiten müssen. Die Versicherer haben in der Regel kein Interesse daran, sich mit allen Fondshäusern auseinanderzusetzen. Überprüfen Sie daher auch anhand der Fehler, die wir oben schon beschrieben haben, welche Fonds in Ihrem Produkt stecken.

## Warum dann die fondsgebundene Versicherung?

Kosten sind nicht immer ein Totschlagargument. Stellen Sie sich vor, Sie kaufen sich etwas für 10.000 €, wissen aber, dass Sie es für 100.000 € weiterverkaufen werden. Natürlich existieren hier „hohe" Kosten, aber der Ertrag ist das, worauf Sie aus sind. Der Vorteil einer fondsgebundenen Rentenversicherung kann nämlich genau darin liegen: Wenn es sich rechnet, werden Ihre Erträge während der Sparphase komplett von der Steuer in Ruhe gelassen.

Bei laufenden Kosten können Kick-backs inkludiert sein, die sich in Ihrem Zinseszins niederschlagen und bei der Auszahlung werden Sie ebenfalls von der Steuer begünstigt: Da Sie für Ihre Rente vorgesorgt haben, können Sie nach dem Halbeinkünfteverfahren versteuern. Da kommt Ihnen der Staat also endlich mal entgegen. Es gibt sehr viele Tücken in diesem Bereich, aber ganz verschweigen wollte ich Ihnen diese Option auch nicht. Prüfen Sie hier jedoch intensiv und glauben Sie nicht alles, was Ihnen der provisionsgeneigte Berater erzählt.

# WIE GEHT DAS MIT AKTIEN?

Die Grundlagen zum Vermögensaufbau könnten Sie nun dazu verleiten, auf einen oder mehrere ETFs zu setzen. Ich möchte Ihnen auch nichts vormachen, das wäre nämlich genau meine Empfehlung. Dennoch will ich Ihnen auch veranschaulichen, was es bedeutet, sich eher in den Bereich der Aktien zu begeben. Die spannende Frage ist hier:

An welchen Unternehmen möchte ich mich denn überhaupt beteiligen?

Dazu müssen wir herausfinden, wie ich die Qualität eines Unternehmens einzuschätzen lerne. Dazu gibt es einige wichtige Unternehmenskennzahlen, nach denen wir gehen können. Nach diesen Parametern werden Sie beurteilen können, ob ein Unternehmen unter- oder überbewertet ist. Sie werden verstehen, nach welche Kriterien sich der Wert eines Unternehmens bemisst und was die aktuelle Situation Ihnen über Ihre eigenen Investments verrät. Dabei ist es sehr wichtig, dass Sie die Kennzahlen immer in ihrem jeweiligen Kontext betrachten. Eine Kennzahl allein kann Ihnen nichts über ein Unternehmen sagen. Nur in Ihrer Gesamtheit ergibt sich ein Bild, welches Ihnen tatsächlich weiterhilft.

Der nächste Schritt ist dann der Vergleich der entsprechenden Kennzahlen mit den direkten Konkurrenten des Unternehmens. Branchenübergreifend ergibt diese Strategie keinen Sinn, da sowohl die Marktbedingungen als auch das Geschäftsmodell anders sind. Oft bedingen sich die Kennzahlen an den Voraussetzungen, die der Markt hergibt. So gibt es sehr zyklische Unternehmensformen und auch jene, die sich weniger auf Zyklen verlassen müssen.

Es gibt Unternehmen, die sehr hohe Investitionen in Maschinerie tätigen müssen, und solche, die dieser gar nicht bedürfen. Andere haben wiederum hohe Ausgaben, was ihr Personal angeht, während die nächsten eine sehr schmale Personalstruktur haben.

Also achten Sie bitte auf den Kontext, in dem die Kennzahlen stehen. Um ein Unternehmen und dessen Kennzahlen zu verstehen, bietet es sich an, die Geschäftsberichte zu lesen und Analystenmeinungen wahrzunehmen. Folgende Fragen sollten Sie beantworten können:

- Verstehe ich das Unternehmen?
- Weiß ich, wie es Geld verdient?
- Verstehe ich den Markt, in dem es sich bewegt?
- Wer sind die Konkurrenten?
- Wie ist die Position des Unternehmens gegenüber

der Konkurrenz?

• Gibt es Wachstumspotenziale im Markt und für das Unternehmen?

Nun aber zu den Kennzahlen, die ich Ihnen seit nun einigen Zeilen verspreche und mit denen Sie nun selbst zum Unternehmensanalysten werden. Bitte bringen Sie eine kleine Affinität für Analyse und die Welt der Zahlen selbst mit, sonst könnte Ihnen der folgende Abschnitt etwas ermüdend vorkommen.

## Profitabilitätskennzahlen
*Umsatzkennzahlen:*
Der Umsatz ist die Summe aller Verkäufe, die das Unternehmen geleistet hat. Also jede ausgestellte Rechnung des jeweiligen Jahres. Reden wir hierbei über BMW, entspricht der Umsatz allen durch das Unternehmen verkauften Autos. Hierbei achten Sie vor allem auf das **Umsatzwachstum** (Kennzahl 1) innerhalb der letzten Jahre. Um hier eine hilfreiche Aussage zu treffen, reicht die einfache Kennzahl nicht aus. Vielleicht wurde eine für Sie sehr hoch empfundene Zahl an Autos verkauft, die allerdings nur die Hälfte der Verkaufszahl des Vorjahres ausmacht. Eine kleinere Umsatzzahl ist also weder schlecht noch gut, Sie müssen darauf achten, ob es sich für das Unternehmen um

eine Weiterentwicklung oder einen Rückschritt handelt.

Als Nächstes betrachten wir eine Kennzahl, die ebenfalls im Umsatz anzusiedeln ist. Unser Interesse liegt hierbei auf der **Marge**. Diese bedeutet den Umsatz minus der dazugehörigen Kosten. Denn Umsatz generiert sich letztendlich auch aus Kosten. Investieren kommt nun mal vorm Abkassieren. So finden wir heraus, was übrig bleibt, wenn man die Betriebskosten einkalkuliert.

Die dritte Kennzahl, auf die es zu achten gilt, ist die **Eigenkapitalrendite**. Hierbei müssen wir den Jahresgewinn durch das Eigenkapital teilen. Der Jahresüberschuss, respektive der Gewinn eines Unternehmens, ist das, was am Ende des Jahres nach Abzug aller Kosten übrig bleibt. Natürlich können diese Zahlen auch negativ sein, dann fährt das Unternehmen Verluste ein. Diese Zahl gibt an, welche Rendite unsere Aktionäre nun theoretisch erzielt haben. Diese Kennzahl ist zwar wichtig, allerdings wird sie gern durch den einen oder anderen Buchhaltertrick geschönt. Sie merken wieder, wie wichtig eine umfassende Analyse ist.

**Bilanzkennzahlen**

Beginnen wir bei den Bilanzkennzahlen mit der

**Eigenkapitalquote.** Sie ergibt sich aus der Division von Eigenkapital und der Bilanzsumme, also der Summe von Eigen- und Fremdkapital. Die besagte Quote sollte dann nicht unter 25 % Prozent liegen und gibt Aufschluss darüber, wie viel der Firma noch in der eigenen Hand liegt. Je höher sie ist, desto besser, denn das spricht immer für eine hohe Stabilität des Unternehmens selbst.

Da wir es nun lange nicht mehr hatten, mal wieder ein hübscher Anglizismus: Die nächste Kennzahl nennt sich das **Gearing.** An diese Zahl kommen Sie, wenn Sie von den Verbindlichkeiten des Unternehmens die liquiden Mittel abziehen und das Ergebnis dann durch das Eigenkapital teilen. Verbindlichkeiten sind an dieser Stelle Schulden, für die Zinsen bezahlt werden. Liquide Mittel sind Kontoguthaben und Bargeldreserven. Je niedriger das Gearing ist, desto geringer ist die Verschuldungsquote des Unternehmens. Wenn das Gearing negativ ist, hat das Unternehmen mehr liquide Mittel als Finanzverbindlichkeiten. Hier müssen Sie abwägen, ob es Ihnen gefällt, dass das Unternehmen mit seiner hohen Liquidität möglicherweise zu wenig investiert (bspw. in neue Projekte) oder ob Sie es mit einem verschuldeten Unternehmen zu tun haben. Ich will sagen, dass weder eine besonders hohe

Zahl noch eine sehr niedrige eine starke Aussagekraft haben. Ein akzeptables Gearing befindet sich, je nach Branche, zwischen 10 % und 40 %.

## Bewertungskennzahlen

Nun wird es etwas spannender, da wir uns vorgenommen hatten zu lernen, wie man Unternehmen richtig bewertet. Bewertungskennzahlen sind unter anderem die **Marktkapitalisierung** des Unternehmens. Diese gibt letztlich an, welchen Wert das Eigenkapital am Markt hat. Die Berechnung ist sehr einfach und wer bei der Definition der Aktie aufgepasst hat, kommt vielleicht sogar selbst darauf. Wir multiplizieren schlicht die Anzahl aller Aktien mit dem aktuellen Wert dieser. Natürlich bewegt sich diese Zahl.

Davon getrennt betrachtet, sehen Sie aber bitte den Wert eines Unternehmens: den **Unternehmenswert (Enterprise Value).** Hierbei rechnen wir die Schulden, also das Fremdkapital, noch auf die oben beschriebene Marktkapitalisierung auf und ziehen die liquiden Mittel wiederum ab. So kommen wir auf den Wert des Unternehmens. Ein Unternehmen kauft man nicht nur mit all seinen Anteilen (also Aktien), sondern auch mit all seinen Schulden, die dementsprechend eine Berücksichtigung in der Bewertung finden müssen. Daher auch der Abzug der liquiden Mittel, da diese die Begleichung der Schulden dienen könnten.

Auf der Basis dieser beiden Kennzahlen gibt es nun die ersten Verhältnisse, die uns als Kennzahl dienlich sein sollen. Das erste Verhältnis ist das von **Unternehmenswert zu Umsatz**. Wir nehmen nun also den Unternehmenswert und teilen diesen durch den Umsatz. Ist dieses Verhältnis geringer als bei einem direkten Konkurrenten, kann man sagen, es sei unterbewertet. Hier erleben Sie erstmalig, wie wir verschiedene Kennzahlen in einen Kontext setzen. Sowohl untereinander als auch auf das Marktumfeld bezogen.

Weiterhin können wir den **Unternehmenswert zu Marge** in ein Verhältnis stellen. Wir teilen also wieder den Unternehmenswert durch die Marge. Dies ist ein in der Praxis häufig zu findender Wert, da die Ziffer hier preisgibt, wie das Unternehmen im Vergleich mit seiner Konkurrenz dasteht. Je höher hier der Wert ist, desto „teurer" ist das Unternehmen.

Betrachten wir weiter wichtige Verhältnisse, gibt es eines, welches auch sehr oft bemüht wird. Nämlich das **KGV,** also das **Kurs-Gewinn-Verhältnis.** Es ergibt sich aus der Marktkapitalisierung geteilt durch den Jahresgewinn. Es beschreibt, wie häufig die Investoren bereit sind, den Gewinn des Unternehmens zu bezahlen. Dieses sollte man sich über viele Jahre hinweg ansehen, da wir es hier wieder mit dem leicht manipulierbaren Gewinn zu tun haben.

Dazu sollte man auch das **KBV**, also das **Kurs-Buch-Verhältnis** betrachten. Man bekommt es, indem man sich wieder der Division bedient und die Marktkapitalisierung durch das Eigenkapital teilt. Dadurch ergibt sich, wie hoch der Aufschlag ist, der für das Eigenkapital bezahlt würde. Das mag unlogisch scheinen, da es wenig Sinne ergibt, mehr zu bezahlen, als vorhanden ist, doch wir müssen beachten, dass an der Börse immer mit der Zukunft gehandelt wird. So kaufen wir also über die dynamische Marktkapitalisierung das statische Eigenkapital, damit aber auch die prognostizierten Gewinne. Dieses Verhältnis ist deshalb interessant, da wir einen dynamischen Wert für eine statische Sache bekommen. Liegt dieser Wert unter eins, könnte ich einen Euro Kapital für weniger als einen Euro kaufen. Das ist allerdings recht selten und betrifft häufig Unternehmen, denen die Börse keine besonders rosige Zukunft in Aussicht stellt.

Abschließend gibt es noch das **KCV**, das **Kurs-Cashflow-Verhältnis.** Hierzu teilen wir die Marktkapitalisierung durch den operativen Cashflow. Bevor nun Fragezeichen entstehen: Der Cashflow ist das, was übrig bleibt, wenn man von allen Einnahmen die

Ausgaben wiederum abzieht. Im Endeffekt das, was als Cash im Unternehmen hängen bleibt. Dieser Wert ist dabei deutlich schwerer zu manipulieren als der Gewinn und ihm wird deshalb mehr Zuverlässigkeit zugeschrieben. Der Nachteil sind hier die starken Schwankungen. Eine sinnvolle Aussage lässt sich also nur treffen, wenn man auch hier wieder ein paar Jahre mehr beobachtet als ein einziges. Haben wir ein KCV = 10, heißt das, dass die Aktie zum 10-fachen Cashflow bewertet wird. Ein niedriger Wert spricht auch hier wieder für eine niedrige Bewertung.

Nun brummt Ihnen sicherlich der Kopf und es werden sich einige Fragezeichen für Sie ergeben. Das tut mir leid, aber ich muss Ihnen diese bittere Pille leider verabreichen. Die Bewertung von Unternehmen bringt nun mal einen hohen Aufwand mit sich. Sie müssen hierbei einige Quellen anzapfen, die dem Laien möglicherweise den Spaß nehmen oder ihn schlichtweg überfordern. Ohne dieses Wissen wollte ich Sie trotzdem nicht an die Börse lassen, denn Informationen schaden nur dem, der sie nicht hat.

Mit all diesen Faktoren gewappnet, sind Sie nun in der Lage, eine relativ einfache Analyse Ihres Lieblingsunternehmens zu betreiben. Sie können infrage stellen, wie es tickt, womit es Geld verdient und anhand von

Zahlen ein Verständnis dafür entwickeln. Nehmen Sie die Konkurrenten hinzu und Sie werden realisieren, welche Marktposition es sich erkämpft oder verloren hat und welche Entwicklungschancen daraus resultieren.

Ein Aufwand, selbstverständlich, aber wer kann schon von sich behaupten, eine kleine Unternehmensanalyse betreiben zu können? Sie können es nun. Als findiger Aktionär sollten Sie so ein Spiel auch unbedingt mal spielen. So wie alles wird auch die Unternehmensanalyse mit der Zeit leichter und Ihre Erfahrung wird Ihnen ein gutes Bauchgefühl für eine solche Investition geben.

## MEIN WEG IN DIE WELT DER INVESTOREN

Nun kennen Sie die Grundlagen, um sich mit dem Thema ETFs auseinanderzusetzen. Sie können vorweg auswerten, welche Parameter Sie beachten müssen, um sinnvolles Investment zu betreiben, und kennen den Zweck Ihrer Anlage.

Sie wissen, worauf Sie achten müssen und welche Fehler Sie vermeiden sollten. Sie sind sogar in der Lage, einzelne Unternehmen zu bewerten und anhand von

Zahlen deren Entwicklung einzuschätzen. Ein gutes Gefühl, nicht wahr?

Sie hätten es berechnen können, dass die Coca-Cola-Aktie eine Weltmacht wird, indem sie mit geschickter Werbung und einem unantastbaren Monopol kleinere Getränkeanbieter aufkauft und dann mit weltweiten Vertriebsmaßnahmen ebenfalls fördert – alles unter dem Deckel eines einzigen großen Konzerns.

Altria hat eine gleichwertige Stellung, nur in der Tabakindustrie. Hätten Sie sich vor zwanzig Jahren mit Ihrem jetzigen Wissen mit dieser Aktie beschäftigt, müssten Sie morgen vielleicht nicht in das Büro, zur Baustelle oder den Gastronomie-Betrieb, um Ihre Rechnungen zu bezahlen. Die Chance war da, nur Sie waren nicht bereit (vielleicht auch nicht geboren).

Der Name Marlboro, die bekannteste Zigarettenmarke der Welt, verkauft heute mehr Zigaretten in den USA als all seine Konkurrenten gemeinsam. 1968 hätte Ihnen ein einziger Dollar gereicht, um heute daraus 6.638 Dollar zu machen. Waren Sie noch nicht geboren? Würden Sie es tun, wenn Sie jetzt eine Zeitmaschine hätten? Vergessen Sie nicht, dass Sie heute in dem 1968 von 2074 sind. Es liegt nur daran, endlich anzufangen!

Haben Sie schon mal etwas von Amazon gehört?

Natürlich haben Sie. Kaum etwas bestimmt unser Leben mehr, gerade in der Krise, als der Online-Handel. Überhaupt ist der Technologie-Sektor mit seinen Marken explodiert! Apple, Google, Facebook ... hat Ihnen einfach das Wissen gefehlt, um loszulegen? Oder war es doch der Mut? Mittlerweile dürfte es Ihnen an beidem nicht mehr mangeln! Fangen Sie sofort an!

Kennen Sie aber auch Celgene? Nicht alle Erfolgsbeispiele sind so berühmt wie Amazon. Celgene hat mit zukunftsträchtigen Biotechnologien eine Steigerung pro Aktie von 0,7 USD auf 99,58 USD hingelegt. Dem zum Vorteil halfen auch einige Forschungs- und Entwicklungsbemühungen sowie viele Akquisitionen. Hätte das der Anfänger erkennen können, indem er diesen unbekannten Namen liest? Nein, er hätte wissen müssen, was Sie wissen, und eine Analyse hätte ihm das Ergebnis geliefert, welches Sie nun vermögend macht. Sie sind nun ganz und gar verantwortlich für Ihre finanziellen Geschicke. Sie haben nun das Wissen und können sich leider nicht mehr herausreden mit einer vorgeschobenen Recherche, die noch betrieben werden muss. Sie sind nun Finanz-mündig und alles, was Sie davon abhält, an Ihrer Mündigkeit zu verdienen, ist Ihr eigener Tatendrang.

Kommen Sie nun endlich vom Grübeln in das Tun!

Begreifen Sie, dass all diese Chancen schon vor der Lektüre da waren? Realisieren Sie bitte auch, dass es keinen einzigen Fehler gibt, außer den zu warten!

Die beste Zeit zu investieren, ist nun einmal JETZT. Wenn Sie alle hier genannten Regeln befolgen, können Sie sich auf satte Rendite freuen und halten jeden Verlust aus. Seien Sie auch langweilig und halten Sie Ihre Fehlkäufe. Zeit heilt auch Investment-Wunden. Aber das wissen Sie ja.

Herstellung und Verlag:

BoD – Books on Demand, Norderstedt

ISBN: 9783754306673

1. Auflage

Kontakt: Psiana eCom UG/ Berumer Str. 44/ 26844 Jemgum

Covergestaltung: Fenna Larsson

Coverfoto: depositphotos.com